Susi y Pepe

por Dianne Irving
ilustrado por Andrew Hopgood

SCHOOL PUBLISHERS

Printed in China

ISBN 10: 0-15-370087-4
ISBN 13: 978-0-15-370087-3

Ordering Options:
ISBN 10: 0-15-368579-4 (ON-LEVEL Collection, Grade 1)
ISBN 13: 978-0-15-368579-8 (ON-LEVEL Collection, Grade 1)
ISBN 10: 0-15-371636-3 (package of 5)
ISBN 13: 978-0-15-371636-2 (package of 5)

1 2 3 4 5 6 7 8 9 10   468   16 15 14 13 12 11 10 09 08

Eso es para Susi.

¡Bien, Susi!

Eso es para Pepe.

¡Bien, Pepe!

Ahora, Pepe baila.

¿Y Susi no baila?

¡Sí! ¡Todos bailan!